JN409066

언덕 위의
두 나무

강민경 시집

국립중앙도서관 출판예정도서목록(CIP)

언덕 위의 두 나무 / 지은이: 강민경. ― 서울 : 문학공원,
2015
p. ; cm

ISBN 978-89-6577-149-4 03810 : ₩10000

한국 현대시[韓國現代詩]

811.7-KDC6
895.715-DDC23 CIP2015023859

문학공원 시선 98

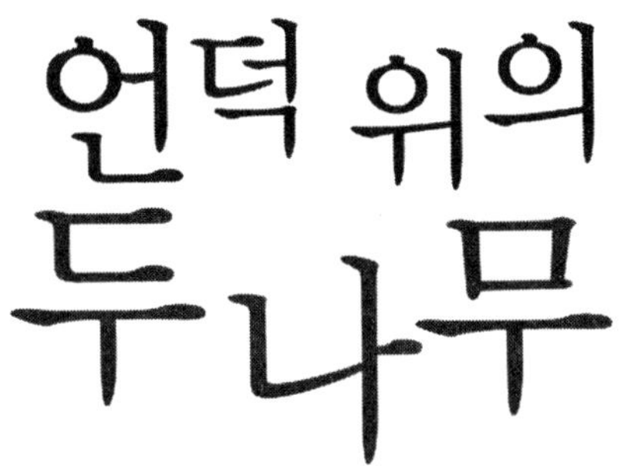

강민경 시집

문학공원

시인의 말

밤, 낮으로
방파제에 제 몸 바숴 살아 있음을 알리는
파도 소리가
시의 씨앗을 쫓아, 열매를 향해
진날 갠 날 잡혀있는 나 같습니다.

바닷물에 몸 열어
세상일 씻어내고 싶은 사람들이
내 정성으로 서툴게 구워진 시의 매력에 끌려
수평선 붉게 물들이는 노을빛 뒤
새로 떠오르는 아침 해 찬란함을
볼 수 있었으면 하는 바람으로
시집 제2권을 상제 하며
짐을 줄여봅니다 감사합니다.

2015년 8월

강 민 경

<서문>

감사와 순응

김순진 시인 · 고려대학교 평생교육원 교수

강민경 시인의 시는 여성 시인답지 않게 꽃이나 가정, 집안의 잡다한 가정사를 호소하지 않는다.

그녀의 시는 인간 사람의 본질에 대한 고민과 우주의 이치에 범접하려 한다. 그래서 그녀의 시는 인간이 이 땅에 왔다가는 의미에 가까이 가려 한다.

강민경 시인의 시는 하나님께서 우리를 창조하시고 관장하시는데 대한 감사와 순응적인 태도를 보이며, 이는 그녀가 독실한 크리스찬으로서의 책무를 다하고 있는데 대한 증거라 하겠다.

차례

1부 주사위를 던진다

빛이 되고 싶은 소망을

차례

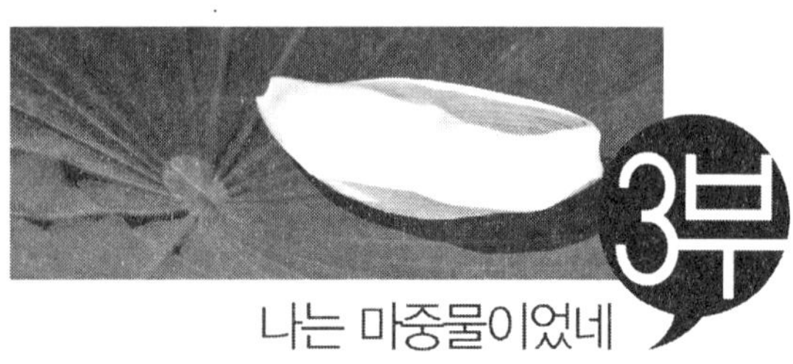

나는 마중물이었네

차례

4부 창밖의 여자

차례

5부 어머니가 사신다

1부 주사위를 던진다

화려한 전생

눈 내리지 않고, 살얼음판만 아니면
끄떡없다는 듯
앙상한 초죽음의 가지 붙들어 안고
샛바람 쥐어박는 짙붉은 열매들의
질긴 열정에
봄소식 전하는 매화가 무색하다

새 떼 불러들여
주린 배 채워 보내는 여유로움
어느 겨울 인심이 이리 따뜻하고
푯푯한가

태자리 내어주는 아기 배나무 열매
동그란 몸 헤집어 총총히 박힌 햇살에
키 넘어가는 세월 깨우쳐
옆구리 콕콕 찔러 대는 꽃들의
성화라도, 옹골지고 기꺼운 내리사랑

겨울눈이 내리지 않는다는
새크라멘토[1] 시, 동네 앞 길가에

하얗게 쌓이는 배꽃잎들, 봄의 향연이
이별에 움츠린 내 어깨 위 찬바람 다독이니
붉은 열매로 살아낸 화려한 전생
짙은 매화 향에 스미어 따시디 따시다

1) 미 캘리포니아 주에 있는 도시명

호마루히아 식물원 이야기

하와이 칸에 오에[2]
호마루히아 식물원에 가면
풀들 나무들의 향기가
앞 다퉈 산울을 넘고
몇 무더기 오리 떼 취하여
물보라 일으키는 곁눈질 수상하다

호수 안에서
맑은 대낮에 거리낌 없는 짝짓기
암컷 한 마리가 수컷 대여섯을 거느리고
번갈아 하는 사랑 부끄러움 모른다
눈멀면 제 몸 망치는 줄 모른다더니
화냥년이니 창녀니 색골이니
별아 별 욕에 점잖던 호수 요동치며
오리는 오리일뿐이라는 위로
호수 위의 바람이 살랑살랑
정오의 햇살을 안고 뒹군다
그녀의 엉덩이가 하늘로 치솟는다

---

2) 하와이 지역 이름

호마루히아 식물원에 가면
점잖은 사람들 얼굴 붉히고
부끄러운 사람들 죄 짐 벗는다
괴로움 있는 사람들은 풍경에 취하여
마음 다잡으며 단순해진다

혼자 남은 날의 오후

적막강산이 따로 없다
휑뎅그레 텅 비인 공간
이방 저 방문 열어
누군가와 대화가 그립다

전화기 들었다 놓았다
안절부절 들뜨인
묵은 침묵의 숨소리에
쌓이는 공포

강아지가 짖는 소리만으로
질겁하는 소심한
혼자 남은 날의 오후

홀로 왔다가 홀로 가는 길
스스로 깨우고 닦아
혼자 있고 싶던 배부른
어제를 털어 낸다

내가 살아 있다, 지금

겨울나무 · 2

햇빛을 쫓아가지도 않으면서
그 사랑 다 차지하는 너
구태여
멋진 풍경이 되겠다는 욕심 없이도
멋이란 멋은 다 부리는 너

수백 년 엮어낸 세월 외고집으로
겨울 풍상마저
스스럼없이 안을 수 있는 너

오랜 기억 체취에 담아
향기 미쁜 찬란한 날에 숨겨진 속살
여무는 희망의 낱알은

나뭇잎 떨어낸 길 언저리에서도
봄이 있어
내 마음 편안하다

달팽이 집 찾아가듯

대숲을 지나노라면
댓잎의 서거임에
한여름을 잊습니다

이슬 맺힌 풀잎들
왕고랭이풀[3])들 경비 서는
고즈넉한 연못 저쪽
내 유년을 쫓아

달팽이 집 찾아가듯
느린 보폭으로
댓잎 사이 엿듣는 햇살과
숨바꼭질하는, 어느새
텅 비어버린
내 육신의 매듭들
대나무 숲이었습니다

---

3) 왕고랭이풀: 가래영명-가래와 potamogetonaceae 또는 방울고랭이라고 도 함

정원에 서 있는 나무

샌프란시스코 포스터의 시의 10월
오수의 썬득이는 바람기가
따가운 햇볕을 뭉텅뭉텅 베어 물며
지고 온 삶의 무게 행적을 고백하듯
봄, 여름, 가을 색색이 달랐을 가슴 열어 다가온다

잘 다듬어진 나무들 꽃들
언뜻 화려하고 귀해 보이는 한가로움
왠지 어눌하고 허허로워
본향을 잊지 못하는 나 같다

늘씬한 키의 측백나무 하늘 향하는
외고집, 따라가고 싶은 가끔은 부러운
키 작은 꽃들, 낮은 자리지만
당연해 하는 감사의 환한 미소로
색색의 꽃씨 풀어내어 자기를 비우는
세월에 부유하는 발이 잠겨
정원에 한 나무로 서 있으면

그 위로 새와 바람과 오리떼들
한가로이 지나다니고…

흐르는 정

본토로 이주해간 지 이제 두 주
마음 잡아당기는
아이들 사진 안에 발이 묶인다

잔물결에 파문일 듯 멈출 줄 모르는
금간 빈 가슴, 그리움의 목마름
누구에게도 드러내보인 일 없는
비밀 아닌 비밀을
하나, 둘, 열어 방금 한 살이 된
손자가 흰 구름 속에서 빠져나온
햇살 같은 얼굴로
방긋방긋 행복을 몰고 웃는다

눈부시고 위태위태하여
목젖이 덜그렁거리는 걸음마에
참지 못하고 탁자 모서리 손으로 감싸며
부딪치면 '아야' 한다고 소리 지르던
엊그제에 쏟아 부은 천 년 사랑
흐르는 정, 여기저기서
할머니 보는 그 새까만 눈동자

죽순처럼 쑥쑥 자라나고

가슴이 먼저 달려가는 진동
먼 거리를 삭이려고, 사진 들여다보며
너를 보듬어본다

개펄

거실 창가에 앉아있어도
나를 어디론가 끌고 가는 눈이 있다

바닥이 시커멓게 드러난 바다 개펄
먹을 것이 있을 것 같지 않은 곳인데도
거기에 머물다 날으는 갈매기 떼들
오리 떼들, 아침이면 날개 위에
반짝반짝 빛을 단다

이른 아침부터 어디로 가는 걸까
둑 건너 수초 숲을 지나
조개껍데기무덤의 이음길 더듬어가면
샌프란시스코 시내로 들어가는 다리 아래
밀물 자작한 갯바위 위에서
가늘고 긴 부리로는 도저히 힘들다며
고개 푹 잠갔다가 후드득 털어내는 짠내
아침 챙겨 먹다 생긴 얼룩 지우는
재미난 목욕, 아이들 놀이터 같았는데

>

배불러 사족 늘어뜨린 그들의 자축
삶이란 명분은, 기쁘고 즐거워 보이는데
한가로운 적요가 어쩐지 허전하다

아이들 모두 뭍으로 떠나보낸 뒤
아, 나와 상관없는 줄 알았던 개펄
나도 저기에 살고 있었구나

초원에는 겨울이 없네

마을 둥글둥글 둘러친 푸른 들에 오리 떼가 머물기까지는
순식간이 아닌 여러 해 겨울을 참고 견디었으리라
무성한 풀 위 파도 치대는 찬바람도
어쩌지 못한 이 푸른 힘에 젖어 나도 겨울을 잊는다
햇볕의 살이 꽂히는 오수를 기다린 듯
오글거리며, 뒤뚱거리며, 풀포기 사이사이
헤집다 힘들면 모여 앉아
널찍한 부리 물살 가르듯 날개 밑 다듬어
젖은 옷 말리고, 서로서로 얼굴 비비면서
하는 위로는 꽥꽥 곱지 않은 소리라도
나 여기 있음을 알리는
사이좋고, 한가로운 그들만의 대화로
행복 만들어 푸른 옷 걸치고
푸른 노래, 푸른 소리, 싱그러움에
저절로 푸른 마음 꺼내는 나를 본다

바다 저편은 지금
하얀 이야기들이 수북이 쌓인다는데

눈 덮인 나뭇잎 하나

빈 설산에 달랑 혼자 남아
설한풍 견디는 애잔한
나뭇잎 하나 오들오들 떠는
설상가상의 풍경을
설부화용雪膚花容[4])이라 하는
내가 잘못이라 해도
가을에 대하여 서사시를 쓰는

말하지 않고도
글을 써서 기록하지 않고도
잎을 타고 내리는 맑은 물이
햇볕을 튕겨내듯, 목을 축이며
살고 온 날들을 일으켜 세우고 있으니

그 속에 갇혀 추위를 잊은
그 고집은 꺾을 수가 없구나
너나 나의 이 감격으로 올겨울
불경기 한파를 쫓아내야겠다

---

4) 설부화용: 눈처럼 흰 살결과 꽃같이 예쁜 얼굴이라는 뜻으로 아름다운 여인의 모습을 이르는 말

공수표로 온 것 아니다

세상 귀퉁이로 밀려나는 동안
끝물 이파리 모두 떨쳐버린 나무 같아도
해 뜨는 아침이면 맑은 사람이 되려고
수없이 떠올리는 일들을 그만두지 못한다

소슬바람 속 작은 새같이 이름 없는 여인이 된다 해도
한 사람에게 스민 전부가 되려고
세살세살 나부끼는 풀잎이었다가 슈퍼 여자인 척
몇 겹 빙하처럼 얼어붙은 날에도 흔들리는 속도를 늦춰
기다리던 햇살에 녹아 장미의 정원이 되면

터질 듯 부풀어 오른 달빛에 세상 향한 그리움으로
질투의 화신이 된 나를 으스러지게 태워서
바람개비처럼 돌고 돌아 더는 돌 수 없을 때

공수표로 온 것이 아니었음을 물려주어도 좋겠다

주사위를 던진다

시의 성에 주사위를 던집니다
나를 담보로 던집니다
그 성의 비밀스러운 숲을 겁내지 않고
오늘 그리고 내일
떠오르는 해, 가슴에 품어
시의 세계에 나를 던져 넣습니다
데구루루, 가뭇한 숫자들이 확실해질 때까지
탄탄한 성을 쌓고 또 쌓아
어른이나 아이 모두 소통하는 시
아름다운 강산을 노래하는
시로 가득 찬 귀한 보물창고의 비밀을
나도 갖고 싶은
열정 하나만으로 주사위를 던집니다
살아온 날보다 살아가야 할 날들에
좀 더 따뜻하고 윤택하기 위한
나의 담보물이었다 할지라도
주사위의 열매에
쉴 새 없이 심혈을 쏟는 나의 여력은
오늘도 우물물처럼 깊고 맑아
마냥 새롭고 아름다운 행복입니다

제트기보다 더 빨랐다고

해질 녘 바닷가에서
비릿한 짠내와 색색의 물고기와
바위 색 닮은 게들과
술래잡기에 드는데 바다 저 가운데
순간순간 솟는 짧은 목,
작은 머리, 점 같은 자맥질의 거북이,
할 말이 있는 듯 흔들리는 물 위에
자꾸만 흘려쓰기를 한다

삶의 이음선인 오랜만의 해후에
깜짝 반가운 회포를 풀듯
저는 바다에서 나는 어릴 적 기억 속에서
파도타기 경주를 시작하는데
버거워 뵈던 철갑 옷의 느림보가
어디로 갔는지 눈살 모으고 또 모아도
따라잡지 못한다

몇 날 며칠 아니, 백 년을 기다리고 기다려
쓴 특종 소식인지 알 수 없지만
지금 파도 소리 달래며 목젖이 붓도록

외치는 저 말은 아마도,
더는 느림보가 아니라고 말하고 싶었을 것이다

다음에 만나면 제트기보다 더 빨랐다고
노여워 말고 천천히 나랑 놀다 가면
어떻겠냐고 잘 달래봐야겠다

수평선 위에 띄우는 그 말을

언제, 누가 저런 흰 구름을 모았나
가기 싫어 알짱거리는 황혼
끝자락 빗자루로 쓸어다가 구름 위에 풀어
풍경 그득한 휘장을 둘러치다니

너 없이는 살 수 없다고
바람이 새어나가면 큰일이라고
바다를 깨우는 파도의 아우성들
사방을 내달리며 도움을 청하지만
어찌해야 좋을지 나는 모른다

다시 올 약속이라 전해야 하나
금세 그리워졌다고 전해야 하나
수평선에 띄우는 그 말을 다 채우기도 전

가슴에 갇혀 출렁이는 말문에 빗장 지르는
어둠을 자꾸 뒤돌아보며
아쉽다

모닥불도 처음엔

한 시절
환하게 어둠을 밝히며
하늘로 치닫던 모닥불도
처음엔 눈시울 짓무르는
매운 연기 길게 깔았다

그 고비를 넘기고 나서야
죽음이든 광명이든
가슴에 고인 벌건 불꽃
내 품지 못한 마음
하나까지 태우고 마는데

한평생
붉게 태운 심원深遠으로도
부족했는지, 아침 해를
맞이해서 뭉그적뭉그적
매운 연기 걷어낸
새날을 연다

4월의 묵상

창밖 사월의 하늘이
지는 꽃잎을 바라보는 봄인 나에게
어떤 그림을 그리려고 이리
재촉하며 떠나야 하느냐고 묻습니다
피는 듯 지고 마는
꽃향에 멍든 몸으로, 봄은
진달래 핏빛 사연 날마다 듣고
나붓나붓 나비춤으로 앞서 가는 벚꽃
들러리 서다 보니
내가 봄인 줄 미처 몰랐다며 세월을 앞세우면
숨어 있는 줄 알았던 어린 생명 들 어느새 자라나
멀리서 가까이서 서둘러 떠나가고
봄은 내가 그리려던 꿈은 여기까지라며
내게서 붓을 빼앗아 내려놓으려 하는데
내 젊음이 지나가는 길목에 꽃잎 풀어 깔며
이제 움츠렸던 어깨 쭉 펴보라는
벚나무 당부가 생각나
눈물 어린 가슴속 무지개 꿈을
열매의 등불로 밝힙니다
붓을 다시 고쳐 잡습니다

님의 침묵

온종일
마르지 않는 하늘의 샘처럼
애틋한, 서로
씨방 열어놓은 해바라기
사랑입니다
가슴속 빼곡한 그리움
밤낮, 없는 새김질
탑 쌓는 날마다 하나 된 시선
뜨겁게 마주 보는
님의 침묵에

매일, 하루만큼씩
무르익은 우리 사랑
목이 마릅니다

몸으로 하는 말

바람이 부는 날도 눈이 내리는 날에도
스스로 깨우친 듯 강은
안개 낀 기억의 행렬을 지켰다

이정표도 없는 길
소살소살 속삭이고, 쿵쿵 굽이쳐서
몸 푸는 데면데면 깊이 고르던 날마다
내 살이 부서지고 깨어져도
맑은 하늘 보듬고 흙탕물 끌어안아
푸른 혈기 거품 거둔 날들을
바닷물에 눈물 씻을 때까지 지켜낸
위로부터 아래를 사모한 기꺼움

봄날 새순의 연둣빛 새로운 향연으로
모래톱에서 자라는 식물들의 풍광으로
그려 쓴
강 위에서 강을 찾아 헤매는 하늘이듯
네 안에 나를 담그면
스스로 깨우친 네 맘을 듣는다
몸으로 하는 너의 말을 기억한다

산동네 불빛들이

어둠이 숲처럼 어우러진 밤
먼 산동네에서
별 같이 반짝이는 불빛에 젖어 들면
마음 졸이며 살아낸 생의 이력들이
불바다처럼 출렁이는 것을 본다

기억하는 낮의 소음들 별빛에 갇혀
잦아든 고요 속에서 세상이
하늘에 새겨 넣은 풍경들 하나씩 둘씩
은하를 향하고 있다

밝은 곳에서는 나타낼 수 없는 삶이라도
우아하고 호화롭고 싶은 몸짓
춥고 깊은 밤의 시련을 지워 내며
휴식과 목적지를 약속 받은 위안에

출렁이는 별이 되어
은하를 그리는 자화상에 빠져든다

꽃이 피기까지

조금씩 녹고 있는 시간
해는 반듯이 떠서
서쪽으로 지는 것을 거르지 않아

기죽지 않은 바람 상큼함 앞세워
퍼런 서슬 머쓱함 지워내며
눈곱만한 쉼도 없네

시간의 수맥 사이 거슬러 오른
푸른 기억으로
내 안의 선명한 빛깔, 촘촘히 쓸어 담아
속살 채운 꽃망울들
풋 씨방 바람 물어 물관 부풀리고
하늘바라기에 들면

그래야지
흡족한 햇살의 함박웃음꽃이 피기까지
우듬지 가볍게 흔들어
세월 깨우치는 나더러
꽃이 되라 하네

2부

빛이 되고 싶은 소망을

몹쓸 바람

삼월의 매화처럼, 산동백꽃처럼
녹을 것 같지 않은 시간의 틀을 깨면서
보송보송한 버들강아지 옷 꺼내입고
태평양을 건넜습니다
설렘은 먼저 와있는 혈육과
재회의 충만함에
타국의 낯선 바람 밀어냅니다

청각 장애요, 언어 장애요, 까막눈의
움츠림, 손짓 발짓 다 동원하고도
하나 되지 못하여
나를 세우지 못하는 답답함, 쓸쓸함
억울함의 몹쓸 바람 앞에서

사정없이 휘둘리고 미끄러지는 절망감
내가 마치 분장한 얼치기 바보 같아
벼슬을 단 상처의 두께만큼씩
좁혀 오는
외로움을 탓할 수 없이 서럽습니다

정열로 불타는 칠월에
진땀으로 일궈낸 둥지 분별없이 흔들어
녹였던 시간이 아쉬운
삼월의 태평양 건너 고향이 그립습니다

비음鼻音

정오가 가까워지면
저만큼 놓아준 전화를 챙긴다

요즘 들어
가장 가깝고 허물없이 귀에 익은 그가
회오리바람처럼 나에게 달려오는 소리엔
로맨틱함도 달콤한 멋도 없는
느릿하면서 굴곡 심한 센 억양의 사투리
'나여' 밥 먹으라고 하는
무뚝뚝하고 볼품없는 그이 특유의 애정으로 내 품는 호흡에
엉기는 내 어리광 같은 비음鼻音의
오버도 습관이다

언제부턴가
교통사고로 생이별할 뻔했던 아슬아슬한
그날을 들여다보며 놀란 두 가슴의 한곳엔
혼자 남은 적막한 밤이 지극히 초라하고
음침하다는 비밀을 알아챈 조바심일 것이다

결혼 초 주말 부부로 지낼 때

젊음 하나로 녹이던 색색의 화려함보다
진득진득한 애틋함으로 지우는 오늘의 참음 들이
전화기 챙기는 손 위에서 묻어난다
구석구석 사이사이에 행여 고여 있을 습기를 찾아
닦아내고 말리는 회오리바람 소리다

야자나무 밤 그림자

나 살기도 어려운 모래밭에서
쉼터가 되어 주느라 힘들었다고
야자나무 고개를 들어 흐르는 땀을
해풍에 털어내며 바다를 바라보는데

낮 동안 성난 듯 달려오던 파도가
어둠에 들면서 스르르 거품을 삭이고
야자나무 그림자는 살랑살랑
물결과 어우러져 새로운 모습으로
말을 걸어옵니다

종일 뙤약볕 모래밭에서
너무 뜨거웠지요
나도 내 발자국 글씨를 씁니다
그렇게 물어보는 네가 참 좋아, 너를 보러 나왔다고

야자나무와 내가 오래오래
기다려 얻은 휴식 숨 고르는 밤
달빛 사이사이로 그림자 끌어안고
바다로 돌아가는 파도를 봅니다

혼자라는 것

프로메리아 꽃향에 끌려
공원 같은 산행에 들자마자
빨간 불을 켜는 허리 통증
일찌감치
허공에 부려진 새가 되라 합니다

어제, 오늘을 오르내리는 동안
볼이 미어지도록 햇살 오물거리는
뭉치 꽃망울 사이사이에서
먼저 벙근 한 송이 꽃과
머릿깃 빨간 카나리아 새와 동아리 되는데

산그림자가 시샘하듯 어스름 펄럭이며
등 떠미는 성화에
산바람 감싸줄 차 열쇠마저
챙기지 않은 다급함이라니

한 몸이라던 그 이도 멀고
혼자가 아닌 기다림도 낯설어
바람 마주치는 서러운 잔설입니다

운명도 아닌데

저문
저 물밑을 등받이로 걸친 쇼핑 차가
지나는 길손 불러 세우고
추스르며 말을 걸어 왔네
물때로 가뭇한 참모습에 새겨진 이력서 펴서
굴러다닌 자리를 찾아줄 수 없느냐고

물구나무서기로 처박히기까지
바친 정열에 못다 한 말 써 내리며
내놓기 싫은 닳아빠진 육신 여기저기
얼룩진 저림을 알아주었으면 좋겠다고

온종일
해가 떠서 질 때까지 구르고 굴린 육신에
물고기 지느러미 치켜세우고
물살 가르듯 헌신했다고

저물녘 둥근 입 하늘 향한 물고기 떼의
말을 빌려, 순수한 노동 엮어낸
쇳소리의 진솔한 정념을 아직도 모르느냐고

물밑, 이 깊은 한을 씻어내고
처음의 사랑을 받아들이고 싶다고
애끓이는 지금까지 다 바친 내 의지의
운명도 아닌 데라며

봄 아침은

지금 막 아지랑이에 멱감은
촉촉한 산, 천
노랑, 빨강, 파랑, 색색의 빛을
어떻게 무슨 모양으로 그려 낼까
스멀스멀 생각 펴내는 봄 아침입니다

더딘 걸음에 선득이는 저 소리는
분명, 얼른 떠나지 못하는 잔설의 시샘인데
왜 거기 내 유년의 추억이
세밀한 이력을 세우고 눈 깊게 팬
탐색으로 엉겨 붙은 바람벽을
허물어 놓는지!

가슴 속 온기로 피운 환호성 같은
꽃송이 위에 흐르는
수정알 같은 물방울 속에서
무슨 무슨 색깔과 모양을 따라
이름 지어 부르면
눈부신 봄 아침은
내 안에서 무지개꽃을 피웁니다

빛이 되고 싶은 소망을

대지를 깨울 때라고
야멸차게 파고드는 바람의 성화에
아니 갈 수 없어 설은 잔설처럼
너도, 이 봄 언저리에 앉아
머뭇머뭇 멈추려던
심장을 펴내고 있었구나

네 뜻은 아니라지만
갓길 담 사이 텃받이로 크면서
바람이 불 때마다 잘리고 꺾여
몸통만 오롯이 남은 푸석한 삶의 행간
곳곳에 박혀있는
옹이 박힌 상처에도 기죽지 않고

제비초록 같은 싹 하나씩 틔워
빛이 되고 싶은 소망을 이뤘구나

나도 너와 같이
내 안에 이는 봄바람으로
새빨간 꽃망울 터트려야겠다

불청객

청한 일 없는데
웬일로 들어와
왕방울 같은 눈으로
나를 홀리느냐

어느 사이
네게 스며들어
흔들리는 내 마음 애틋하여
다가가면 갈수록
날아갈 궁리부터 하는
새야!

든든한 날개 자랑하고 싶더냐
술래잡기하러 온 것
아닌 줄 알겠다

기약 없는 만남과 이별을
가슴에 새기는 오늘
우리는 서로
불청객이었구나!

그리움이었다

매미의 뱃가죽 같은
마디마디가 다 아파서
휑하게 집을 나선다
활개 치면서 걷는다
깊은 심연에서 피어나기 시작한
자아를 자근자근 누르니
가슴이 설렁설렁 갈리고
눈앞 풍경에 빠지니
사랑의 본성, 바람 타며 전율한다
부신 햇살이 나를 업고 걸으며
호사好事 다망多忙한 세상을 잠시
잊으라 하고, 작심삼일이기 일수인
다짐이라며 기세등등하다
밝은 햇살 아래 아슴아슴 흔들리는
푸른 잎들 작은 가지들을 보노라니
고향에 어린 소녀 하나
연민으로 긴 한숨 토한다

그리움이었다

가을 하늘

하루면 몇 번씩 대하고서도
우리는 모르는 얼굴이 있다
불볕더위에서
찡그린 검은 구름에서
때를 따라 변덕 부리는 바람에서
낮이나, 밤이나, 기쁠 때나, 슬플 때나
마주하는 얼굴
무심코 그러려니 바라만 본
마음 다 준듯한 정말로 다 준 마음
몇 번이었을까 그러나
오늘 나는 그 얼굴을 보았다

아무리 높았어도 그 맑음은
그 파란 코발트빛 넓이는
밝은 대낮 깊이를 잴 수 없는
무한한 가슴으로 이는 시원한 미소는
산들바람으로 자연스럽게
나를 어루만지고 내 마음을 씻어 내리고
내 눈을 빛나게 키워 푸근히
살찌우는 사랑의 얼굴

시절의 격랑 꿋꿋이 지켜온
확실한 결실로 나를 앞서는
가을 하늘 그 해맑은 모습을

한계령을 정하다

탱탱한 고요 속
맑은 햇살 눈부신 차 안이
진날 갠 날 바투던[5] 삶 가득하다

꽃길에서 싱그럽던 향내
자갈길에서 빠각거리던 불안
언 땅 녹이며 갈라진 손등
쉴 새 없이 부산떨던 기억들

사는 일 모두 모험이라고
몸바쳐온 주름진 세월에
늘 허전한 뱃속이, 도전이라면
객기 아닌 시린 생이
춥던 기억 지우는 일은 다시
새로운 꿈으로 채우는 비밀스러운 공간을
스스로 가두고 푸는 한계로
자리 굳혀온 날마다에

---

5) 바투다 : 두 물체 사이가 썩 가깝다

>

희비喜悲, 가득한 차 안
모처럼 얻은
탱탱한 고요는
한계령을 긋고 있다

땅과 하늘이 마주 보는 비밀을

모처럼 휴식을 하는 듯한 날
높은 빌딩 난관에서 아래를 보며
오금이 저리네! 현기증이 나네
여름이 몸속에 살고 있어 창문을
열자 기다린 듯 우르르 숨도 안 쉬고
몰려드는 바람이 빌딩을 흔들고
나를 날려 버리려 해도
위의 공기는 상큼하였는데, 푸른
공기 푸른 냄새 땅에서 들어 올리는
소리 소문의 수다는 버릇이었네
공놀이에 재미 낸 아이들의 고함소리
비켜요 비키세요 비명으로
숨이 가쁜 구급차 사이렌소리
수많은 사유로 태평양을 넘나들며
꼬리 끈끈히 얽힌 비행기소리와
일상을 빛내주는 따끈따끈한 햇살
오글거리는 무언의 손짓 모두가
땅과 하늘이 마주 보는
비밀을 털어놓고 있네

청혼하였는데

산행길 재촉하는 내게
자기소개도 없이
쉬어가라 유혹하는 산꽃 눈부심에
차오르는 숨결 삭이어
산속 적막에 갇혔던
마음, 어렵사리 열어
청혼하였는데
못 들은 척
기다란 꽃대에서
기척 없이 낙화해 버리는
꽃송이, 너의 모습 아직
내 눈 속에 살고 있다

내가 너였거나
네가 나였더라면
산행길이라고
머뭇거리거나
헤어지지 않았을 것을

마음속 진실

햇빛의 유혹에 끌려 밖에 나왔다가
푸른 하늘을 보는데
하얀 파티 구름 사이에
아슬아슬하게 보이는 달

여보, 저기
저 구름 사이에 달인가 구름인가
구별이 잘 안 되는데
확인하는 그이를 따라 하늘을 보니
샌프란시스코의 찬바람이
부담스러웠는지
달은 파티 구름 속에 반쯤 숨어 있다

저 달이 허전한 한쪽을
구름으로 채우려는 것 같아
몹시 쓸쓸해 보이는군
내 옆에 당신이 있어서 참 다행이야
당신 없는 세상이 아찔해져서 하다가
문득, 은연중에 속마음을 드러낸 것이
계면쩍은지 허허 웃는데

나는 왜 "열 길 물속은 알아도,
한 길 사람 속은 알 수 없다"라는
옛말을 떠올리는지!

분수대가 나에게

카피올라니* 공원에
위로 솟구쳐 허공에 꽃 한 송이 피우고
미련 없이 떨어지는 꽃잎 같은 물살
날마다 보아도 정해준 만큼씩만
올랐다가 더 높이 가지 못하고
제자리걸음 하는 분수대에
작정하고 다가가 말을 시키는데
같은 말을 되풀이할 것이라 짐작한
내 생각과 많이 달랐습니다

보셨지요
높이 더 높이 오르다 추락하면서
내 능력은, 정해진 만큼에서만
피고 진다는 사실을 깨달았습니다
이제부터라도 나는
위에서 아래로 흐르는 내 속성이
물임을 숨기지 않을 것입니다

대상은 무한정의 허공이지만
나와, 만물들이 각자의 능력 안에서

꽃피우고 지는 자연스러움이
내가 할 수 있는 최상의 능력이라고
처음으로 돌아가지만 쉽게 꺾이는 일 없이
다시 새롭게 피어오릅니다

무의미 속에 무너져 내리는 것처럼
허무해보이지만
나는 내 본성을 지키느라
날이면 날마다
온 힘을 다하느라 피땀을 쏟는다며
사방으로 튕기는 땀방울 같은 물방울
기세등등하여, 나를 위로합니다

한때 즐거움 같이 했으니

일렁이는 바닷물 속에서
하얀 뱃살 드러내다가
검은 등살 세우는 숨소리에
귀를 기울이네, 저것이 뭐지
안 보던 건데
그이와 마주 보며, 무슨 고기 같은데!

세상 멀리 두고 온 줄 알았는데
쉼터를 잃은 호기심
바짓가랑이 둥둥 걷어 올리고
첨벙 던진 손그물에 걸려 올려진 건
다 썩어 너덜거리는 나뭇잎
그 확인은 잔뜩 부풀던 가슴에
타이어 바람 빠지는 소리를 낸다

다 썩어 없어질 육신으로도
한때 즐거움같이 했으니
억울할 것 없다며
기죽을 줄 모르고 히죽히죽 웃는 나뭇잎

삶은 버려지는 것이 아니라며
그이와 나를 번갈아 보더니
서둘러 제 길을 떠난다

하늘 우러른 물고기 둥근 입들

해질녘
알라와이 운하 살가운 바람에
계절을 잃어
눈 쌓인 고향 소식 가뭇하다

날마다 이만 때면
산책길 번다한 인기척에
길든 고기떼
내가 오기를 기다렸다는 듯
물가로 모여들었는데
소리쳐서, 손뼉 쳐서, 반길 수 없어
행여 그냥 지나칠까 답답했는지
낮 동안 물에 갇힌 기다림
풀어내는지,
하늘 우러른 물고기 둥근 입들
물 위에 빨대 꽂고 하얀 거품
울컥울컥 뱉어 만든 구멍구멍
왠지 휑하다

거기는 네 본향임이 틀림없는데

물속이 불편한 것이냐
뭍이 그리운 것이냐 아니면
그냥 버거운 것이냐

오랜 세월 이민 와서
이곳 문화에 길든 줄 알았는데
어둠 따라 선득거리는 운하 바람이
아까부터 내게 고향을 깨운다

풀

비 그치고
맑고 밝은 햇빛에 스며들면
내 몸 구석구석 심어져 보이지 않던
푸른 풀들이 우우 일어선다

칼날 같은 바람에도
푸른 손 흔들고
순하게 허리 꺾어 예를 다하여
푸른 마음 지키는 일편단심
쌓여 절절한 사연 다 열어놓았다

꾸밈없어 흔들면 흔들리는 대로
숨 가쁜 밤이라도
쉬지 않는 그 참음
그대로 너는
네 세상을 푸르게 물들이며
질컥질컥한 슬픔도 견디며
일어서고 또 일어섰지
비 그친 여기저기 어디에든지
영원할 푸름으로

박명 같은 시 형님

삶은 견디는 것이 아니라
살아 내는 것이라는 듯
생을 그늘에 적실 줄 아는
정자나무라고나 할까

몇 년 전전처럼
성묘길 볕 좋은 언덕에 지천인
쑥을 보며, 아 쑥떡 먹고 싶다
형님 한번 쳐다보고
냉이 캔다고 뿌리 놓치는 내게
드러내려고도, 드러나려고도 않는
시 형님

철없는 동서 사랑
빛과 어둠의 가변 같은 경계를 허물어
어느새 쑥떡을 만들고, 냉잇국 끓여
향수 거둬 낸 손맛,

금광석 같은 모정은,
오늘도 감격이네

돌아갈 수 없는 다리를 건너온 걸까

알라와이만을 따라 걸을 때면
검푸른 등살 자랑하는 물고기 떼
선머슴 같고, 대갓집 도령 같기도 하여
서먹했는데
그사이 정이 들었나
다가서며 안부 묻는다

그 중
노란 줄무늬의 왜소한 한 마리
언제부터 어떻게 사귀었을까
고요하고 한가롭게 한 무리 되어 있다

날마다 친해지고 싶은
내 마음 들여다본 걸까
돌아가고 싶어도
돌아갈 수 없는 다리를 건너온 걸까

오늘은 물구나무서기로
아름다운 몸매자랑 생경하다

3부 나는 마중물이었네

강이 왜 뒤채는가

강이 영혼을 가꾸는 일처럼 흐릅니다
물 따라 자라나는 수초들
비릿한 냄새로 파랗게 올라오듯
나도 강 따라 자랍니다

위에서 아래를 향해 흐르는 강물처럼
텔레비전을 보고 인터넷을 하는
이국에 나의 세월도 흐릅니다
가는 길이 막힐 때면, 지루해할 틈도 없이
온몸 풀어 허기 채우는 이민자로
가랑잎 헤치며 산굽이 돌고, 끝없는
들 길 가로지르면서 돌아본 한평생이
맑고 투명하지만은 않았어도

여유로움은, 언제나
마음을 다한 저 자신에게 몸을 맡기고
무슨 일이 있어도 자유롭게 흘러야 하는
강이, 왜 뒤채는가를 알려오는
바다가, 푸른 하늘을 안고
나를 향하여 손을 내밀기 때문입니다

황홀한 고통

미루나무 노란 잎 쌓인 길을지나
산동네 세월 묻는 붉은 나뭇잎 속
참모습 뚜렷한 열매들이
사랑 고백으로 빨겠네

한가위 소슬바람 소리에도
더디어 속 태우던 모과 열매
밤새운 눈시울 속으로
세상의 번다한 일상에 이력들이
논, 밭에 여문 생명과 더불어 황홀하네

봇물 터지듯 다투는 옛 추억의 기억들
가슴에 이는 회오리는
옷깃 여며도 서늘하게 시려오는
외로움
모과나무 탐스러운 미소를 보며

내게 아픔이던 세월이 닦이네

따라오지 말라는데

어제 속이 꽉 차있던 석류 속이
오늘은 텅 비워져 있다
먹이 따라온 새에게
제 살을 나눠주고 쪼글쪼글해진
석류가,
나를 위해 당신을 다 내어주신
어머니를 연상시킨다

부모와 자식이라는 사슬에 묶여
오랜 세월을 보낸 뒤에야
저절로 크는 줄 알고
부모 말씀 귓등으로 흘리던
철없던 나를 돌아보면

따라오지 말라는데
어느새 따라 하고 있는 내 아이들
내가 어머니를 닮은 것 같이
나를 닮는다는 세상 이치를
평생을 두고 배운다

청량한 눈빛에 갇혀 버려

아이가 나를 끌어냈는가
내가 아이를 데리고 나왔는가
여민 옷깃 사이로 스미는 겨울바람에
노란 나뭇잎 기죽은 동네 모퉁이길 돌아 나오며
손자는 내 얼굴 한번 올려다보고
슬며시 잡힌 손 빼더니
날개 돋친 듯 저만의 무대를 연다

위태위태한 걸음이 허공을 나는
서툰 곡예사 같아
마음 졸이는 내가 좋은지, 가끔 돌아보고
활짝 웃는 청량한 눈빛에 갇혀 버려
내가 먼저였는지, 아이가 먼저였는지
난분분한 무대의 춤만
겨울바람에 신들린 듯 일어서는
노란 나뭇잎들
부챗살 같은 햇빛에 황금 웃음 달고,
금의환향錦依還鄕하는 길

할머니 웃는 얼굴이 손자 눈빛 같은

외로운 가로등

햇볕과 푸른 하늘과 초록 나무들의 싱싱함과
지지배배 노래하는 새들이 그리웠던 것일까
가로등, 길가로 마중 나와
한낮인데도 불을 켜고 있다

밤낮 구분 못 하고
의욕에만 사로잡혀 정신 나간 것 같은
그에게
네가 있을 곳은 낮이 아닌
밤, 어둠을 밝히는 일이니 분별없이
나서지 말라고 강권하다가
문득, 알게 모르게 일탈을 꿈꾸며 방황하던
나의 지난날의 모습을 회상해본다

사소한 일까지 마음대로 되지 않는
일상의 사건 사고 속에서, 내가
나를 어쩌지 못함이 한스러웠지만
기죽지 않고
햇살 알갱이들로 그늘진 가슴을 채웠던 나

그래 이해한다
밤새도록 어둠을 밝히느라 얼마나 힘들고 어려웠으면!
미안하다 하였더니
나뭇잎 사이로 그늘진 얼굴이 슬쩍슬쩍 웃는다
내 측은지심이 동병상련同病相憐이었으면 좋겠다

낙엽을 치우다가

낙엽을 치우다가 시멘트 이음 선에 낀
나뭇잎을 쓸어 내는데
그늘 밑에 은신해 있다가 놀래어
몸부림치는
지렁이에게 측은지심이 인다

여느 때 같았으면
징그러워 뒤도 돌아보지 않았을 텐데
추운 날 햇빛 쫓아 나왔지만
햇살에 드러나면 말라 죽겠지, 걱정은
쓸어냈던 나뭇잎을 가져다가 슬쩍
덮어주고 자리를 뜨면서 곧 잊었지만

지렁이는, 나와 속성도 가치도 다른
하찮은 미물이라도
살려고 죽을힘으로 꿈틀거리는 것은
다르지 않았다

다음 날, 청소부들이 환풍기 바람으로
나뭇잎을 파내는 것을 보면서

그이에게 어제 있었던
지렁이 이야기를 털어놓는데
'그 녀석 참 운수 대통했네'
마음 착한 내 마누라를 만났으니
잘 돌아갔을 거야 하며 웃는다

토박이와 뜨내기가

큰길 건너
동네 길을 걷는데 집집이
잘 가꿔진 정원, 담 밑에
오렌지, 레몬, 귤, 석류, 감 같은
과일이 주렁주렁 풍년이고
겨울 같지 않다

땅에 닿도록 축축 늘어져
노랗고 빨간 과일들이 하도
먹음직스러워 귤 맛을 보는데
아니 이 뜨내기 양반들이, 하며
쏘아붙이는 신맛인지 쓴맛인지 모를
토박이의 카리스마
이게 뭐야 희한한 맛이네 하는 그이의 얼굴
한참 재롱떨다 쥐어 박힌
철부지 아이 같다

그러니까
토박이와 뜨내기인 우리가 다른 거지요
아직 먹을 때가 안 된 것을 아는

이곳 현지인들을 어찌 손님인 우리가
따라가겠느냐며 믿기지 않아
나도 한입 베어 무는데
갑자기 입안에서 소슬바람이 몰아치는 것 같다
아이코, 괜히 좋았던 입맛만 버렸네, 하는
내 모습은 또 어땠을까

고향과 타향 사이

집 떠나며 설레던 맘 언제냐는 듯
흘러간 시간에 잡혀 멀어진 마음 사이엔
보폭 줄이려던 따스한 혈육의 체온, 아직
내 안에 갇혀
전나무 같은 기상으로 살고 있다

고향과 타향 사이에 스민 서글픔은
그리움과 외로움 사이에서
나, 같은 너, 너 같은 나는
머리와 가슴 사이도 멀고
이성과 생각 사이도 멀어

고민하는 한통속으로써
사이를 좁히려는 여러 번에도
새삼스럽게 멀게만 느껴지는
시차의 사이에 서 있나니

내가 너를 알고, 그리고

네가 나를 지키려는 마음 사이가
가뭇없이 멀기만 하다

12월의 당부

전력을 다해 달리다가
잠시 쉬는 듯 뒤돌아보는데
세월은 그대로 흐르고 있네

부딪침과 느낌과 직감으로
존재하는 어제를 되짚어 보노라면
스스로 깨트려
작아져야 했다는 것을 온몸으로 느끼네

숱한 시간의 흐느낌
열두 굽이 돌며 제 아픈 곳 닦아줄
내일을 향해 가는 새 힘은
오직 새로운 길을 트는 일이라는
당부의 한 마디,

12월은
자기가 가진 최상의
선물을 건네주느라 골똘하네

나는 마중물이었네

퇴근 시간에 임 맞으러 가는
나는,
한 바가지의 마중물이었네

에너지 충전으로 나선 길이지만
밀고 당기는 끈끈한 배려
그 누구도 막지 못하네

만날 때마다
보폭이 짧은 내 걸음에 맞추면서
서둘러 오느라 베인 땀 삭히는 이 시점을
가장 행복해하는 그이가
나라고 믿어
서로 지우고, 세운 수십 년

굽은 길 건너온 눈 속 가득
넉넉한 미소 속
여기를 지나간 누구누구와 만나고
누구누구와 헤어지며
생수로 거듭나려는,

쉼표

문장을 읽다가 꽃을 보는
사이
꽃들이 만발했어요

문장을 읽다가 세월에 젖어
밑줄 치는
사이
내가 장성했어요

문장을 읽다가 바람에 흔들리는
사이
이별도 있었어요

문장을 읽다가 문장을 건너는
사이
사잇길, 깊숙한 시선으로의
역주행이 쉼표라고
가리키네요
허리 펴고 숨 고르라고
지시하네요

실체를 벗어버린 밤 풍경

알라와이 운하에 뛰어내린 산동네
불빛들이
물결들 한 올 한 올을 태우며
높은 데서부터 낮은 순서대로
키재기를 한다
쉴 새 없이 뻗어낸 실뿌리 모은
큰 기둥을 세우고
이글거리는 신궁神宮 한 채 지어놓았다
물속이 환하다

어느 전문가의 솜씨가 저리 빼어날까!
넋을 놓은 동안
고만고만한 물고기 떼, 졸음을 쫓고,
고요를 깨워 축제에 든다

물과 불은 상극인데
어둠이 만든 조화의 새로움
실체를 벗어버린 밤풍경을 본다
타오르는 불빛과 일렁이는 물결들이
자유를 누려 외롭지 않다

거친 세상 바람에도
흐트러지지 않던 산동네
알라와이 운하에 내려와
일렁이는 물결에 풀리어
아름다운 밤 세상을 만들어놓았다

밑줄 짝 긋고

먹빛 하늘에 크고 작은 수천 만 별들
깊은 웅덩이에서 끌어올려 지는 듯
멀리서 가까이서 인사를 합니다
반가이 눈 마주치고

작은 별이 어른일까 큰 별이 어른일까
아기별들은 어디 있지
꼬리 느는 안부, 나는 어느 별이지
가슴 속에 이는 돌개바람 사방팔방으로
꾸불텅꾸불텅 구부러져 좁아터지고 말 것 같은
작은 내 머리통
정적을 깨우는 바람소리에 소심해서
어두운 하늘 한 귀퉁이를 도려냅니다

가장 큰 별로, 가장 작은 별로
당신과 나는 어둠 찢어 밝히는 한 동아리
길인 듯, 길이 아닌 길 위에서
뭍별들 틈새를 벌려 새로이 좁은 길 트고
수천만 별 사이에서 나를 찾은 듯
내일의 하늘빛에 밑줄 하나 짝 긋습니다

7월의 성하盛夏

내 곁에서 몸 풀면
반가움 아니어도
마음 비우느라 진땀이 나네
옷깃 파고드는 열기
파도 속에 흩어 보내면서
세월 따라 몸 불려 내야 하는
바다 게들, 기껍게 허물 벗어
키운 몸 당당히 드러내고
과실나무들, 풀꽃들,
열매 맺고 스러져 가면서
제 몸 아끼지 않듯
7월의 성하盛夏에 든
나도, 완성에 들며
한 단편 속에 주인으로 세상을 보네
같은 방향으로 도는 시계 판 위에
초침, 분침, 시침의 하는 일이 제각각이듯
나무들도, 풀꽃들도, 바다 게들도,
나도 거역하지 못하는
옛적부터 오늘에 이르고
다음을 기다리네

무슨 할 말이 그리 많기에

공원에 터 잡은 나무들
언제 뽑힐지도 모르는
잡초와 비교나 될까마는

나무 우듬지에 모여앉아
잔가지 끌어안고 찬바람
밀어내듯 달싹이는 꽃잎들

호사는 다 누리면서
무슨 할 말이 그리 많기에
깨알 같은 글을 써, 저리
많은 꽃을 피워서
겨울을 부정하는가

아껴둔 온기 헤집는 시린
바람에
아직 할 말이 있는듯싶다
묵은해 돌아보며
허기를 느끼는 나처럼

싫어도 싫지 않은 말

출근길 차 속이라도
살캥이 같은 내 말이 미덥단다

그게 잔소리라도
비아냥거리는 것이 아님을 알기에
그렇다고 다 듣기 좋은 건 아니지만
방심했을 때 자극하는 한 두어 마디 말
조심해요, 천천히 가요 배려에
쓴맛이라 않고 평온하다가
길눈이 익으면 툭 던지는 한마디
"허…, 참 당신 입으로 다 하네!"라며 비꼬는데
핀잔이라 생각하지 않고 가슴 쓸어 내는
천연덕스런 대꾸

"나 없이는 운전도 못 하잖아 당신"
이라고 기세등등하여 빤히 올려다보면
싫어도 싫지 않은 듯 빙긋 웃는 그이를
마주 보는 아침이 평화롭다

나의 애가愛加

화분에 새 흙을 넣으려고
나무를 뽑아내는데 쉽게 빠져나오지를 않는다
억지로 빼내려 했더니
나무와 화분은 서로 끌어안으며
떨어지지 않겠다고 몸부림이다

내가 저에게 새 세상을 주려는 것인데
내 몸이 왜 자꾸 둥글게 말리는 걸까
더 거친 항변들에
갓난아기 목욕시키듯 조심조심
화분 가장자리부터 삽 끝을 넣어 조금씩 흠을 낸 다음
화분과 나무 밑 등을 나눠 쥐고 잡아당기니
놀래 자지러지듯 경기를 일으키고
사방에 흙고물을 튕기며 버럭버럭 대든다
희고 가늘어 눈부신 뿌리들이 촘촘히 엉겨
밑동을 꽉 끌어안고 있다가 느닷없이
풀어지며 잘린 상처를 내고도 서로 들러붙어
떨어질 수 없는 사랑은
한 몸으로 살고 싶었다

고운 옷에 윤기 흐르는 살결 아니어도
쌀밥에 고기반찬 못 먹어도 좋으니
제발 상관 말아 달라는 애원 같아
애처로워 스산한 가슴을 숨기며
나는 강해야 하므로 너를 이긴다
아가야, 제발 밝고 튼튼하여라

점으로 잇는 선

내가 점이라고, 선을 긋는다고
생각한 적이 없었네
다만 가진 것, 할 수 있는 일만으로
이렇게 비워진 몸뚱이 하나 채우고 있으니까
아이들 전나무로 커갈 무렵처럼
단단한 결심이 어디 필요한가
화석처럼 굳어가는 추억 삭히느라
번민해야 할 시간이 길겠는가!

조이고 닦고 기름 치며 허리끈 졸라맨
여력의 어제에는 오늘이 없었기에
키 큰 전나무 그늘에 기대어
반듯한 선 하나 긋고 싶은 오늘 나는
동그랗게 말린 몸이어도 숨 다독여
가파른 등성이 아래에 점 하나를 찍네

점과 점이 줄을 잇고
하늘길 여는 전나무 우듬지 가득한
햇살이어야겠네

소의 눈

새벽부터 저녁까지
언제 봐도 싫증나지 않는 눈을 봅니다

고달픔을 멍에처럼 끌고 다니느라
코만 벌름거리는 가쁜 숨결일 때도
야금야금 내장을 꺼내 되새김질 잘하고
어떤 힘든 일이라도 싫은 내색 한번 없이
나를 위해 혼신을 다 바치고도 원망을 모르는
내 어머니를 생각나게 하는 눈

눈물을 운명처럼 끌어안고 살며
애잔함과 고요로움 청아하게 고여
깊고 맑은 일렁임이
구름 벗어난 보름달 같은 눈

그 곁 떠날 줄 모르고 서성이는
내 마음을 듣는지,
자주 끔벅이지도 않는 왕방울 같은 눈
순하고 정겹고 우직합니다

하나가 되면

허다한 세월을
어찌 맑게만 살아왔겠느냐만
오늘 너의 한편에 드리운 어둠은 웬일이냐 하고
아무에게도 마음 열어보인 적 없는 일이라는 듯
나에게 묻고 있구나

발랄하고 평범한 날들 다 어디 갔는가

아무에게나 말 못할 속사정이 있다는
사실이
왠지
생경하지만은 않아 같이 부유하면
대화가 트인다

생각들이 하나가 되면 서로가 서로에게로 스미어
물 밖에서 동그라미를 그리며 벙긋대는
물고기 입속이 둥글둥글 어둠을 굴리고 거두는
아무에게나 통하는 대화
네가 나에게 맑고 친하기를 고집하듯
나도 네게 젖어들어 친하다

4부

창밖의 여자

듣고 듣고 또 듣는

제각각
별난 색깔을 가진
열한 달에 별다르지 않은 한 달을 더하여
끝이라 점을 찍고 모두가 말하기를
또 한 해가 지나간다고 하고
새해를 맞이한다고들 들썩이는데

앞뒤에서 밀고 당기는
이별과 만남의 회한에
울림은
여울은
왜 안겨 있는가

돌아보는 어제와 새로운 오늘에 마음을
비우자 비우자
애쓰는데
듣고 듣고 또 듣는
"새해 더욱더 복 많이 받으세요"라고
문장을 다듬는 말 말 말들이
어찌나 달콤한지!

희망은 있다

햇빛 따사로운 바깥
맑고 높고 푸르러 창망한 하늘을 본다
그늘 찾는 새 떼들도 나처럼 하늘을 보았는가
세상 바람 가르며 높이높이 난다

멀어도 가까운 것 같아
눈도장 꾹꾹 찍어도
손잡고 갈 수는 없어도
이들과 나는 한 동아리로
넓은 하늘 두 눈 안에 가두려는 나와
두 날개만으로 하늘 덮으려는 너에게
우리는 서로 무엇이 두려우랴

그리고 일상 속에서 일렁이는 내 삶과
네 삶의 그림자 속에서 어룽대는 햇살처럼
잡힐 듯하다
서천에 핏빛 노을 드리워도
새 하늘과 새 땅은
어김없이 우리와 함께 있으리니

어떤 인연

우직해서 단단해서 벽창호 같은 그에게
발동한 내 호기심 접지 못한 경이로움
시간과 공간을 초월한 내 평생에 골똘함이었습니다

벼루고 또 벼루고 다지는 사이
구름은 푸른 산자락 끌며 우거진 숲을 쓰다듬고
계곡에 흐르는 물소리 적막을 깨우듯
나를 듣던 새 한 마리
제 몸속 길을 떠밀며 날아갈 때
실낱같은 뿌리로 깔짝깔짝 간지럼이나 태워왔는데
얼마 만이었을까요
바늘귀만 한 틈새 하나 열린다 싶어
얼씨구나, 슬쩍 엉겨 붙어 쥐 죽은 듯 숨 고르고
없는 애교까지 동원하였는데
어느새 나무는 나로 큰 키를 뽐내고 있습니다

아, 이 멋없는 골통 양반도
감동이란 걸 배웠다며
금광석 같은 몸통을, 가슴을, 쪼개고, 가르고
바숴대며, 내 발목 붙들고 늘어지니

어쩌겠습니까

미운 정 고운 정 다 들어
편안해 보이는 우리와 만난 산객들
희귀한 인연을 본다고 천둥 같은 감동을 외쳐대니
우직하고 단단하고 믿음직해
벽창호라던 그는 이제 바위라는 이름을 자랑합니다

혈血

갓 태어난
손녀딸을 맞이하여
또렷또렷했었다는
나를 회상한다

세상을 한 아름 안고
내게 안긴
나 닮은
한 세대, 한 세대 사이
오르락내리락 줄기차게
흐르는
혈血
인생의 정점임을 일깨우는
귀한
아가야!

너
결혼하여 네 아기 안는 것을
내가 볼 수 있겠니
끝이 안 보였다

너로 허전함을 채우니

사월 말이라서
못 만나 볼 거라는 상념을 깨우듯
마이산 가는 길섶에서 너를 만나
벼르던 그리움을 푼다

만입 달싹여 만 눈으로 반기는
벚꽃, 너의 환영을 받다니!
살랑살랑 안겨 오는 하얀 미소
거울 같은 저수지에 백옥 같은 몸 풀어
흘려쓰기로
봄 시샘하는 잔설을 쫓는구나

갈망하던 너로 허전함을 채우니
나의 고향 산천은 따사로운 햇살
바람에 나부끼는 세월만이 아니었음에
어디든
내 이 발자국을 찍어도 좋으리

몸 지켜 오늘을 예비한 역사 속에
마이산 탑들의 사연처럼

개화開化

- 요즘 남자

여자의
고무신을 신고
부엌일에 서툴러하는
아들아
세상이 어질머리처럼 돈다고
투정부리지 마라

옛날부터
남장한 여자가 서서 오줌 누는 일 없고
여장한 남자가 앉아서 오줌 눈일 없었지만
부엌은 생명을 먹여 살리는 곳
남녀노소를 막론하고 누구나
부끄럼 없이 당당해야 하지 않느냐

조금 앞서서
마음속 횡간 곳곳의 울퉁불퉁한 흙벽
다듬는 일에
여자 고무신 신었다고
서툴러 하는 너
모르는 사이 구습을 조금씩 조금씩

비워냈으니 너는 잘 나가는
요즘 남자니라

젖은 신발

햇살 밝고 좋은 날에도
젖는 신발은 있습니다
알게 모르게 스며든 물기는
겉은 멀쩡해 보여도
끈적거리고, 자유롭지 않아 자주
눈을 마주치는데
해갈의 꿈을 꾸며 벼르던
흙모래 티끌 같은 나뭇잎들
반기는 호들갑이라니!
나를 끌어안고 놓을 줄을 모릅니다

처음부터
햇빛 속에 놓인 내 신발이지만
기운이 쇠하여
마른기침으로 자지러질 때까지
오래 젖고, 여러 번 말라야
탄력도 늘고 가벼워진다고
비운 듯 꽉 찬 숨 고르는
내 맘을 꿰뚫고 있는 듯, 때때로
물을 달라고 조릅니다

언제 무슨 일로 젖어 있었는지
다 기억나지 않는
젖은 신발에 지치지 않는 나는
오늘도
햇볕 밝은 길로만 걷겠다고
앞장서서, 게으르지 않습니다.

창밖의 여자

이제는 잠들려고 눈 감는 일 없을 겁니다
차라리 뜬 눈으로, 이 밤을 재울 겁니다,
그리하여
세월이 쌓인 솜뭉치처럼 털려 나가지 않는
당신을 이겨 보겠습니다
내 눈에 나를 채워 넣으므로 당신을
창 밖에 머물도록 허락합니다

변덕일까요, 변명일까요
스스로 마음 닫아보려는
"당신에 대한 모반"이라 해도 좋겠습니다
나는 지금도 이국에 젖어있고, 마음은
아직도 당신을 향하므로
비 내리는 밤이면 털어내지 못한
당신의 윤곽으로부터 탈출을 꿈꾼답니다

당신이 입혀 보낸 속옷 문양으로
출렁이려는 거북하고 답답한
숨결도, 모양도, 모두 거둬 펄럭이지 않도록
이 눈 속에 단단히 가둡니다

오늘 밤만은
당신이 아파할 아무것도 상관 않고
당신을 잊은 나만의 계절로
물들고 싶습니다

손

주먹을 쥐고
주먹 안을 들여다보려 해도
보이지 않았다

움켜쥔 손에 붙잡혀져
숨 돌릴 새 없는 마음과 마음이
들락 이는 소용돌이 속에
나는

얼음을 깨부순 매화로
개나리 노란 웃음으로
핏빛 진달래 산등성 번지는 메아리로
녹음방초 어우러진 숲의 햇살로
짧은 유월의 자두나무와 짝하고
조금, 긴 감나무의 가을 사랑에
붉고, 노랗고, 파란
세월을 붙들어 매며 몸부림치던
나의 감춰진 내면을
내가
먼저 열어 놓지 않으면

어떤 핑계로도 좁혀지지 않는
거리가 있는 것을 풀지 못해
옷을 벗는데 손안이 보였다

왜 옷 벗을 생각을 못했을까
이렇게 가벼운 것을

신의 실수

거리를 메우듯 쓸고 가는 사람들을 보며
"생육하고 번성하라"하신 당신을 생각합니다

한 여자와 한 남자로 모인 거대한 생명이
차오르는 보름달처럼 어둠을 헤쳐 나와
새로이 세상을 깨우면
심연에 고인 모든 걸 퍼내는 다짐은
잘 키워야지, 금쪽같은 내 살점
천하보다 귀한 내 아이, 잘 키워야 해
평생 새롭고, 달콤하고 맵고, 짠맛 갈아대며
같은 날 같은 해, 같은 길, 같은 밤
변함없는 자연 앞에 나를 내려놓으며
혼돈합니다

당신의 시간은 좀 더 눅눅한 바람을 일으켜
나를 휘감고, 거리의 사람들 속에 여전히
계셨으므로, 나는
나의 소실점을 생각합니다
나무도 꽃을 피우기 위해 봉오리를 터뜨리고
결실한 씨앗이 탄생을 위해 흙에 파묻혀야 하는 것처럼

나는 원치 않지만 죽습니다
생물生物이란 생물은 모두 죽습니다

왜 죽어야 합니까 물었더니
죽으면서, 태어나면서, 이어가는 것이라고
변명하십니다

금잔디

산책길에 만난
잡초 한 포기 섞이지 않은
잘 다듬어진 금잔디를
푸른 비단 같고 양탄자 같다고 생각하는데,
나도 보아달라는 듯
높은 담장을 상큼 넘어온 황금색 고양이
햇살을 끌어안고 푸른 품이 좋은지
배를 들어내고 사타구니에서부터 목 언저리까지
혀끝을 돌돌 말아 올리며 털옷 다듬다가
느닷없이 곁에 있는 나무 둥치를 끌어안고
발톱을 들어내어 긁는다 타다 다닥다닥, 투드득

식물이나 짐승이나 사람과 더불어
서로 피땀 쏟아 생명을 나눈
애증 같은 푸른 두께의 포근함이 좋아서
엉덩이를 맡기는데 옷 속을 파고드는
금잔디에 숨겨진 저항
고양이의 발톱처럼
금세 섬뜩하고 날카롭습니다

생명을 지키며 제 사연대로 살고 진다지만
본의 아닌 선택을 자족하면서
근본은 언제 어디서나 그리움입니다
서로에게, 감사하는 마음으로도 어쩔 수 없는
보이지 않은 푸른 핏자국이 있습니다
태양 바라기 하는 땅의 것들은
뽑히고 꺾이며 다듬어지는 순간에도
숨겨놓은 비밀 하나씩은 드러내지 않습니다

갱년기의 9월

9월 맞는 뼈끝에
쌓이는 바람의 촉수
내게 수상쩍은 통지서를 내미네요

시리도록 투명한 햇살에
나뭇잎이 스치는 바람처럼
거둬 간직할 수도 없는 흰 구름처럼
나는 내 몸을 송두리째 내주어
지글거리는 신열을 다스린 등줄기에
얼음물 끼얹는 세월 유정함에
높아만 가는 하늘이었네요

세월이 세월을 불러
바람을, 흰 구름을,
누렇게 물든 벼 이삭에,
잔가지에 매달려 붉어지는 사과에,
갱년기 고개 넘는 법을 가리키며
동동걸음쳤던 한 호흡 사이는
태양이 여름을 분탕焚蕩을 치다 지쳤을 때
혼이 맑아지듯

제가 지워지는 줄도 모르는
숨 막히는 절정

제 살점 녹여 키워낸 장성한
아이들 보여준, 훈훈하고 확확하는
확실한 메시지였지요

추석에 본 풀루메리아 꽃

코코 크리터 보트니칼 식물원[6)]
플루메리아 꽃이 제 시절을 놓고 떨어져
땅에서 새로이 피고 있다
차라리 김소월 시인의 시
'진달래꽃'이었으면 사뿐히 즈려밟아
가을 잎 바스락거리는 소리의
쓸쓸함은 지워 낼 수도 있으련만

나는 왜 고국의 봄꽃을 떠올리는지
아무래도 고향 깊숙이 들어 와 있음이 틀림없다

잘 다듬어져 볼록 볼록한 꽃동산은
자손들이 다녀간, 묘지 같고
풀이 무성한 곳을 보면 문득
아무도 돌보지 않았을지도 모르는
내 조상의 묘지 같아 절여오는 가슴이 애잔하다
멀리서 애면글면하는 내가
이국의 공원에서 생각하는 진달래꽃

---

6) KO kO crater botanical garden: 하와이 호놀룰루에 있는 식물원

사실은 땅에 떨어진
플루메리아 꽃이 그냥 시들지 못하고
다시 새로 피우고 싶어 하는 것 같은
내가, 답답한 것이다

양파, 너의 속살은

슈퍼에 갔다가 너를 데리고 오는데
담홍색 둥글둥글한 몸통이 넉넉하고 좋다

같이 살자고
내 손을 빌어 옷을 벗는 너에게
한참 깊어진 내 눈에서, 왜
눈물이 나올까
이는 아마도
가을의 황량한 들녘으로의 첫걸음부터
숨 가쁜 여름까지 건너온 긴 세월 동안에 몸 없는
마음만으로는 아무것도 할 수 없다는 것을 깨우치고
규칙적인 마디의 구심점을 찾기 위해
온몸으로 진액을 모으느라 애절했을
너를 듣기 때문일 게다

가을 거둬간 살얼음판 위 칼바람 껴안느라
쓴 것 단 것 가릴 새 없이 견뎌낸 침묵 사이사이에
박힌 깊은 비밀 같은
양파 너의 속살은
언제나 나에게 넉넉한 감동이라고 할까

보름달이 되고 싶었지요

밤하늘을 보는데
배가 홀쭉한 그믐달입니다
왠지
내 몸 한 곳이 허전하고 외롭습니다

수십 년을 두고
누군가를 그리는 허기입니까
세월을 채워야 할 욕망입니까

아기 울음소리에 빈 곳이 보입니다
말 배우는 아이들, 숨이 편치를 않습니다
해지기 전, 피땀 흘려야 채워질
욕망의 허기 달래는
내 일상에도 바람[望]은 살았습니다

밤하늘 가득 반짝이는
수없이 크고 작은 별들, 그리고 나
제자리 지키려 앞을 다툽니다
모두
보름달이 되고 싶었지요

이게 웬일입니까

땡볕 수그러든 오후
마키키 산 등산로 초입부터 늘어선
등꽃 나무들 누가 더 많이 등불을 켜는지
경쟁하듯
허리가 휘도록 등불을 켜놓았습니다

입구가 좁고 통로가 너무 깊다고
불평으로 떠들썩한
벌떼의 윙윙거림이 하도 수상쩍어
발을 멈추고 살피는데
아이고 하나님! 이게 웬일입니까
세계화 시대라면서
저만 살겠다고 핵무기를 만들며
큰소리 팡팡 치고
동성연애자들에 동참하는 세상이라지만

벌은 꽃에서 꿀을 따내도
꽃에 상처를 주기는커녕
열매를 맺는 데 도움을 준다고 익혀 온
내가 송두리째 도둑맞고 있는 거였어요

벌도 세계화 시대에 물들어
쉽게 살 생각만 하고
꽃 밑동 밖에다 구멍을 뚫고 꿀을 따내느라
결국은
저희가 굶어 죽을 짓을 자청하고 있더라
이겁니다

언덕 위에 두 나무

바람이 부나, 비가 오나
마음은 늘 고향에서 서성이지만
뿌리 내려 사는 곳도 고향이라고
스스로 위로하며 기운을 돋웁니다

온종일 서있는 우리가 가엽지도 않은지
심술부리는 바람에 가슴앓이 하면서
미련한 곰 취급을 받으며
마음대로 움직일 수 없어 답답한데
사람들은 자기 생각대로 믿음 직 하다며
내 그늘 밑에 쉬며 편안해합니다

언제 누가 우리를 이곳에 살게 했는지
궁금하지만, 금술 좋고 정직하게 사는
우리에게는
가슴 두근거리는 봄날이 있어
꽃향기 햇볕 물어 나르는 날은
바람과 기꺼움으로 몸 섞여
새순을 키웁니다

>

어디를 어떻게 꼬집어줄까
종잡을 수 없는 심술 같지만
때로는 우리를 도와
단단한 껍질 깨뜨려주어 답답하던
잔가지 그늘 사이로 피운 새잎
정물 같은 그림 그리어 빈 하늘
채우는 한 가족임을 대견해합니다

그렇게도 싫던 뱀이

너 없는 하와이에 살면서
아주 잊어버린 줄 알았는데
고향 논둑길에서 너를 피하던 기억
이 먼 곳 버클리 식물원
연못 속에 살고 있었을 줄은 몰랐다

봄에 핀 각양각색의 꽃향 새겨놓은
기다란 초록 살결이 옛날에 보았던 그대로
부드러운 물뱀이어서였을까
갈라진 두 혀를 날름거리는 공포에
쫓겼던 그 유년이 생생하게 살아난다

너는 너대로의 일상을 잇느라
그 모습 그대로인데
나는 왜 너의 지혜는 보지 못하고
징그럽다며 피하려고만 하였을까

고향 논둑길에서 너에게 쫓기며
다급했던 그 유년은 가뭇하고
잠시나마 외로움을 털어냈다면

내가, 지금 거짓말을 하는 것일까
지금도 별다를 것 없는
너의 이름은 그렇게도 싫던 '뱀'인데!

상처

백일 지난 아기와 한 살 반 된 아이를
떼어 놓고 돌아서는데 자지러지던
울음소리 따라다닌다

아이들을 돌보던 보모는 갑자기 아프고
아들 내외의 회사는 둘 다 특수 교육기간이니
한 주일 더 머물면 안 되겠느냐는 부탁을
외면하고, 우리 내외는 돌아와야만 했다

차로 한 시간 삼십 분 달려서
마침 휴가 중인 큰며느리에게
아이를 맡기려는데, 그새 정들었다고
자지러지게 울며 기어와
엉겨 붙는 아이를 매정하게 떼어놓고
도망치듯 떠나왔던 그날은
얼마나 깊이 똬리를 틀었는지!
세월을 따라갈 생각을 잊고 있어
가슴 쥐어뜯기는 후회, 시리고 아리다

그날 제 아이들을 보던

아비 어미의 안타까워하던 그 눈빛과
검게 탓을 가슴이 내게 겹치어
눈에 어리면, 내색도 못하고
소리 없이 무너져 내린 가슴에서는
이 울음 저 울음소리로 음계를 오르내린다

사진 속 웃는 얼굴

자, 찍습니다 웃으세요
셔터를 누르기 전 외치는 소리에
또 누군가가 김치하고 다시 경고하면
이제 겨우 귀 문이 열린 세 살짜리 아이처럼
입이 옆으로 벌어지고
앞니가 저절로 가지런해집니다

그렇게 하면 웃는 얼굴이 되는 줄
아는 아이처럼 나는
매일 웃는 얼굴로 살고 싶습니다
애 어른, 너 나 없이
훈훈한 봄날 활짝 핀 꽃숭어리들입니다

바람 속 욱신거림도, 덜컹거림도
사라진 사진 속 환한 얼굴에 이는 웃음
일상이 푸근하고 편안해집니다

자, 웃어요, 라고 최면을 걸고
두 손가락을 펴든 자세에
앞니를 나란히 맞추어 보았더니

세상에나!
참말로 웃고 있는 세 살짜리 내가
거기에 서 있습니다

5부

어머니가 사신다

어머니가 사신다

간절한 기다림에
솟구친 꽃대 위로
얼굴 내미는 꽃망울들
볼이 터지도록
봄을 물고 오물거린다

꽃샘바람에도 기죽지 않는
저 여력은
땅속 깊이 박힌 뿌리의 힘이다

햇볕 가득한
봄날의 싱싱한 꽃잎들
천지에 감동으로 설레게 하는 날

당신 앞에서 부산스런
내 모습에도
언제부턴가
닮아 버린 어머니가 사신다

아니 이것이 억새 아냐

샌프란시스코 포스터 시내
한 동네 안 땅이 넓은 탓에
가깝다는 건 귀하게
자리 잡은 랜치 마켓 하나
그 앞마당에 반갑다는 듯
하얀 손 펴서 흔들흔들
바람 타는 한 무리의 인사에
얼결에 묻는 말
아니 이게 억새 아냐, 여보
억새는 물가에서 사는데
설마…, 갈대겠지
아녀요, 억새 맞는다니까
애들도 우리처럼 아들네,
딸네, 집 다니러 왔나 봐
왜 눌러앉아 이렇듯 외로움 탈까요
비슷한 이웃 하나 없는 곳에서
우리는 행여 저 억새의 흉내라도 내지 맙시다
하와이도 타향이었지만 30년이나
살았으니 지금은 고향 같지요
어서 갑시다, 어서

능소화를 만나

동네 산책길에서
담 넘으며 귀 쫑긋거리는
주황색 능소화를 만나 들여다본
철조망 울타리 안이
유리창처럼 환하게 보이고
잘 가꿔진 정원이 마치 구중궁궐을
보는 듯 아늑해 보입니다

딱 하룻밤 정 주고 간 임금님을
기다리다 죽은 넋이
능소화 꽃이라는 과거 속으로 들면

아침 이슬에 혼절하듯
담 아래 통째로 떨어져 누운
능소화 꽃송이 위에 조롱조롱 맺힌
은구슬 같은 물방울들이
한 여인이 수많은 밤 뼈를 녹이며 기다림으로
흘린
눈물같이 가슴으로 스며듭니다

수백 년 전의
전설 같은 왕가의 사랑 이야기가
오늘 일 같이 실감나게 가슴 뭉클한
안타까움으로 다가옵니다

까마귀와 다람쥐

샌프란시스코 포스터 시[7] 동네
나무 위와 뜰, 담장
어디서든 만나는 다람쥐
시도 때도 없이 동네 안팎을
제집 들락 이듯 두려움 없다

높고 굵은 전나무
생각 없이 오르내리는가 싶었는데
두 손 움켜쥐고 흘깃거리며
먹어대는 재롱 아닌 재롱
나와는 상관없어도 여기
살기 위한 경쟁이 있었구나!

언제 왔는지
모둠발로 까닥까닥 쫓고 쫓는
까마귀와 다람쥐의
장난 같아 보이지만 장난 아닌
먹이 쟁탈전

---

7) 미 캘리포니아 샌프란시스코 주에 있는 도시명

까마귀도 다람쥐 먹이를 먹나
믿든지 말든지

살아야겠다는 저들의 힘겨룸
귀 쫑긋 세우니
나를 지나는 바람소리인 것을

자목련

이제 막 걸음마 배우는
봄 안개 자우룩한 들에서
말문을 열지 못해 쩔쩔매는
몇 그루 자목련 나무를 보네

텃밭 떠나기 싫어
망설이는 잔설 달래 보내느라
온몸에 피멍 들도록
봄바람에 두드려 맞는 꽃망울의
연정
한 줌의 햇살만으로
뜨겁게 닳아 오른
생각 골똘한 꽃이더니
제때를 맞춰 흐트러짐 없네

아쉬워 칼끝 겨누는
샛바람의 시샘을 달래는 듯
삐죽삐죽 내다보는 시늉이더니
알 듯 모를 듯 벙긋대는
저 입술들 좀 봐

어느새, 말문 연 꽃잎들
열두 폭 치맛자락 펄럭여
온 들을 보랏빛으로 물들이네
드디어 봄이 제 것이라고
치마끈 풀어놓고
그리던 임 불러들이네

내가 지금 벌 받는 걸까

파도와 같이 올 때와 나갈 때가 자주 바뀌는
변덕, 어찌 몰랐을까
검은 바위 위 고인 물에서의
한가로운 술래잡기 놀이도 한때
갈 테면 가보라고 우쭐대는
철옹성 같은 바위벽에 가려
호소할 곳 없는 작은 물고기의 한탄
내가 지금 벌 받는 걸까
인기척에 오금이 저려
햇살 활활 끓는 웅덩이
화르르 날 세운 지느러미
제 동아리가 될 수 없는 내가
낯선 것은 당연한데
나는 점점 흥미로워 머뭇머뭇
따라가며 숨이 찬다
언제 돌아갈 거냐고,
물이 마른다면 죽을 텐데
거기서 무얼 어쩔 거냐고
궁금한 내 마음 알기나 하는지!
먼데 파도 바라보며 행운을 빌어본다

태양이 떠오를 때

기다림 그리움 희망 등등
익숙한 눈으로 당신이 내게로 오기까지 걸러낸
투명한 가슴 속을 들여다보면
그늘을 잊고 자란 내가 보입니다

아침이면 약속한 적 없이도
갈채 속에 오시는 당신의
굽이굽이 세밀한 간섭
상처로 박힌 옹이까지 녹여
겨드랑 밑 흐르는 땀내가
시골 오일장 사람들의 풍경이 되어도
지워지지 않는 그늘에 지치지 않는 건

산 넘고, 바다 위 어둠 걷어낸
더없이 넓고 깊고 뜨거운 가슴팍에
폭삭 안긴 채로, 지나는 길목에
몰래몰래 심어놓은 웃음의 씨앗
태양이 떠오를 때 환한 내 참모습을
비춰 보는 까닭입니다

지나간 자리는 슬프다

나는
내가 당신의 딸임을 잊어버렸습니다,

사랑을 만나면서
비로소 나는 꽃이 되었고
수억의 광파光波에 꽉 닫힌
가슴이 열리자마자 더 그악스런
어미가 되어 새끼를 키웠습니다

바람이 우리 사이를 지나다닐 때면
부대끼다 상처 입어 벌레 먹힌 풋과일처럼
떨어지지나 않을까 허둥거리며
당신을 파먹고 자란 내가, 어미 되려고
애쓰는 그 시절이 당신에 대한 나의
사랑이었음을 그때는 왜 몰랐는지

갈잎처럼 서걱이는 뼈 소리를 들으면서
내게 배경이던 당신을 돌아보는
가슴 한쪽에 나 있는 빗물 자국을 보고서야
나는 내가 당신의 딸이었음을 기억해 냅니다

밤과 등불

눈目 길
하나하나 지우는 어둠에
부름을 받은 눈동자같이
높낮이로 일렁이는 등불

어둠 익어가는 이야기꽃으로 피면

보이지 않고, 들을 수 없고,
알 수 없는, 밀어密語 속에
쌓이는 부활의 환청

험산이든, 야산이든
마다치 않고 밝혀
명리도, 부귀도, 탐하지 않고
사랑만으로 하나 된
밤과 등불의 화해는

어머니와 아버지와
그리고, 아이들 숨소리 닮아
잔잔한 평화가 물결을 탄다

칠월의 비바람

강에서 바다에서
물놀이 재미에 고단했나
온몸 웅크리고 잠든 바람
언제 깰지 정오의 농익은 햇살이
정수리 찍어 누르며
지난해 채우지 못한 허기 달래고

가슴 깊이 숨겼던 기억
다 채우지 못한
붉은 심장 고동이 숨결 따라
온몸으로 번져 숨이 찬데
7월의 비바람 소식 가뭇하다

엘 리노 현상이라고들 하지만
목이 타서 축 처진 푸른 잎
겨드랑 밑에서 옹알이하는 열매들
어서어서 알갱이에 살찌워야 하는데

애 끓이는 속마음이 전해진 걸까
강에서, 바다에서 선잠 깬 비, 바람

맨발에 온몸 열고
땡볕에 얼룩진 땀부터 씻어주겠다며
나뭇잎 흔들어 인사하고
온몸 감싸는 호들갑이
때로는 가슴 시려도
반갑고 소중하다

풀

비 그치고
맑고 밝은 햇빛에 스며들면
내 몸 구석구석 심어져 보이지 않던
푸른 풀들이 우우 일어선다

칼날 같은 바람에도
푸른 손 흔들고
순하게 허리 꺾어 예를 다하여
푸른 마음 지키는 일편단심
쌓여 절절한 사연 다 열어 놓았다

꾸밈없어 흔들면 흔들리는 대로
숨 가쁜 밤이라도
쉬지 않는 그 참음
그대로 너는
네 세상을 푸르게 물들이며
질컥질컥한 슬픔도 견디며
일어서고 또 일어섰지
비 그친 여기저기 어디에든지
영원할 푸름으로

문 앞에 서 있는 가을

한낮은 아직 따끈따끈한 데
논배미 감아 도는 선선한 바람
벼이삭 사잇길 건너 풋과일
속으로 스며들고,
여름 건너온 여기저기의 풋내가
화가의 붓끝 흔들어
희끗희끗 돋아난
당신 흰 머리카락에 두 가슴을
묻는 눈동자
계절 둑 허물어
서로 바라보는 그윽한 사잇길
징검다리 놓인 여유
가을 향내 베 문 얼굴들
숨 가쁜 햇살의 미소 속으로
벼들 고개 숙이는 논배미

시원한 바람 보듬고 하나가 되겠지요

내 그림자를 안고 있다

기약 없는 햇볕과 기척 없는 바람
손자국 발자국 남기려고
나무와 나무를 흔들어서
저 오고 간 흔적의 그림자를 안는다
감나무 가지에 둥지 틀지 못한
새들, 정처 없는 길 떠나며 풍경을 만들고
맑은 연못에 비단잉어들
무통 같은 몸통으로 물길 가르는 일
흉터도 없이 마냥 일어나는 일상
삶의 행간 곳곳을 들락거려
비밀이 빠져나간 빈자리 채우며
웃다 울고, 울다 웃는
기막힌 사연을 익숙하게 털어놓는
바깥풍경 오월의 숲이
오랫동안 잊고 살아온 나를 앞세워
동, 서, 남, 북을 풀어놓는다

약속한 햇볕이 되라며
기척 있는 바람이 되라며

밤바다

밝은 햇살이 지구를 돌며
출렁이는 일상을 살라 먹고
으슥한 달빛이
무언으로 풀어 놓은 밤바다 물결
잠겼던 전설을 건져 내며
외로움에 소리 죽이는데
고요가
버려진 충격에 상흔을 입어
공포로 달려들면
가로등 불빛 얼른 다가와 친구되고
시리디시린 파도소리
흔적 지우며, 온 힘을 쏟는데
별빛도 때를 알지 못한다

나는
어둠 짙은 하늘에 그림을 그리는
상상의 나래 끝이 머무는 자리에서
환한 얼굴의 등대로 머물며
그것이 밤바다인 것을 알아본다

나의 가을

울긋불긋 단풍 드는
산과 들만 가을입니까

희끗희끗 하얀 선 긋는 귀밑머리였을 때
첫 손자가 활짝 웃음을 선물합니다
반백이 되었을 때
둘째 손자가 주름살을 펴줍니다
서릿발이 앉은 아빠 엄마
머리카락 애처로운 듯
셋째 손자 태어날 소식 듣는
함박웃음 속으로

아픔도 다녀가고
슬픔도, 기쁨도, 그리움도
다녀간 몸뚱이
용케도 견뎠다며
수많은 사연의 열매는
집 안팎을 차지합니다

틀림없는 내 애인이다

12월
영접하자 떠나보내야할
설렘과 아쉬움으로
버거운 넌
내게 늘 애인이었지

자알 다독였던 듯싶은데
못다 한 아쉬움
한 켜 두 켜 깔며 건너온
지워진 열한 달 여울에
예정되었던 이별은 살아

거스를 수 없던 손사래인지
가슴 깊은 미련에 확인인지
안팎으로 술렁이는 거리의
찬란한 불빛 인사를 주고받아도

아주 떠날 수 없어,
만나고 헤어질 동안,
당신은 틀림없는 내 애인이다

비가 되어 눈이 되어

바람 타는 비는 그냥 비가 아니었다
방향 잃은 비는 고향에 분패치는 눈이다
창밖은 춥고, 생각이 고인 비,
어딘가 더듬는다
나는 그때까지 눈치채지 못했다

겨울 없는 여기에 내린 일 없는 눈
센치맨탈하게 내리는 비, 나는 비로소 겨울 속에 든다
차가운 빗소리, 소리 없이 질척이는 거리
고향으로 갔다가 순식간에 사라져버린 비, 눈송이
그들은 모두 멈출 줄 모르고
나는 그들을 안고 숨을 고른다
고여 있는 온기, 잃어버린 눈
그 사이, 나는 길들었다
그들 사이에서 살아온 것처럼
아직 창밖을 볼 것이다

분패 치던 눈발은 재빨리 내 앞에
빗금을 긋고 빗방울을 끌어모은다
물 흐르는 소리, 내 가슴에 쌓인 눈물을 읽는다

나는 겨우 이제 고향으로 흐르는 비를 알아봤다

사랑의 멍울

가슴에서 요란스런 광풍이 인다

결혼 전
내 아들은
어쩌다 주는 빵도 싫어하여
국과 밥을 챙겨야만 했는데
제 마누라가 주는 빵은 군말 없이 먹는다

세상이 변했다고 들 하지만
퇴근해 돌아온 아들
아이 목욕시킨다 기저귀 갈아준다
우유를 덥힌다 문턱 닳는 소리

맞벌이 부부이니 당연히
대견스러워해야 할 텐데
봄날 눈 녹아내리듯
며느리에게 왜 섭섭해질까

시집간 딸이 생각난다
내 과거에 수도 없었을 멍울이 고여있다

그렇구나, 이것이 사랑이었어
어느새 사라져 버리는 광풍

어머니의 가치

어머니라는 샘물은
퍼 날라도 샘물입니다
강물이 흐르고 흘러 바다에 닿듯
계절 속에 봄 여름 가을 겨울은
바뀌고 또 바뀌어도 계절이라고 불리듯
어머니는 언제나 어머니입니다

내가 태어나
어머니를 알기 전 내 어머니도
나를 낳으시고 어머니가 되었는데
그분은 늘 어머니를 그리워하셨습니다
나도 아이를 낳고 어머니가 되고
어머니가 되어서야
어머니에 대한 진한 그리움을 퍼올립니다

해가 바뀌고, 세상이 변해도
어머니의 가치는 흔들리지 않습니다
물속을 흐르는 물줄기 다르지 않듯
나그네도 행인도 가는 길은 다르지 않습니다
어머니 아닌 누가 감히

강물 같은 어머니의 가치를 안다고
나서겠습니까
어머니더러 어머니이기를
멈추라 말할 수 있는 사람
당신의 가치는 어디입니까

올 한 해는 또 지나가는데
어머니 당신의 그늘이 그립습니다

언덕 위의 두 나무

초판인쇄일 2015년 8월 27일
초판발행일 2015년 8월 31일

지은이 : 강민경
펴낸곳 : 도서출판 문학공원
발행인 : 김순진
편집장 : 전하라
디자인 : 김초롱
등 록 : 2004년 3월 9일 제6-706호
주 소 : 우편번호 02586 서울 동대문구 난계로 26길 17호
삼우빌딩 C동 302호 스토리문학사
전 화 : 02-2234-1666
팩 스 : 02-2236-1666
홈페이지 : http://cafe.daum.net/yob51
이메일 : 4615562@hanmail.net

※ 잘못된 책은 교환해 드립니다.
※ 책값은 뒤표지에 있습니다.